無論你目前處於哪一個人生階段，
請容我引導你邁向更富足的人生，
我會按部就班陪伴你，
一路鼓勵你。

先來確認一下你目前的理財狀況，
請完成第44頁「財務健全自我評估表」。
持續做書中的練習題，養成致富心態，
讓生活和事業更成功。

CH 1 豐盛

回答本章的練習題，把答案寫在筆記本上。

CH 2 覺察

回答本章的練習題，把答案寫在筆記本上。

CH 3 責任

回答本章的練習題，把答案寫在筆記本上。

CH 4 活在當下

回答本章的練習題，把答案寫在筆記本上。

CH 5 本體

回答本章的練習題，把答案寫在筆記本上。

CH 6 愛自己

回答本章的練習題，把答案寫在筆記本上。

CH 7 願景

回答本章的練習題，把答案寫在筆記本上。

CH 8 支持

回答本章的練習題，把答案寫在筆記本上。

CH 9 慈悲心

回答本章的練習題，把答案寫在筆記本上。

CH 10 超脫

回答本章的練習題，把答案寫在筆記本上。

CH 11 正向思考

回答本章的練習題，把答案寫在筆記本上。

CH 12 韌性

回答本章的練習題，把答案寫在筆記本上。

你願意投注時間和心力，
提升自我價值，改善財務生活。
今年，絕對是你財務和情緒
大有斬獲的一年！

現在，你完成了自己的致富筆記。
從今以後，無論人生遭遇什麼，
你都有能力應付，
你會維持工作和生活的平衡，
追求個人的幸福，
創造富足人生。